Actual Editora
Conjuntura Actual Editora, L.^{da}

Missão
Editar livros no domínio da Gestão e Economia e tornar-se uma editora de referência nestas áreas. Ser reconhecida pela sua qualidade técnica, **actualidade** e relevância de conteúdos, imagem e *design* inovador.

Visão
Apostar na facilidade e compreensão de conceitos e ideias que contribuam para informar e formar estudantes, professores, gestores e todos os interessados, para que, através do seu contributo, participem na melhoria da sociedade e gestão das empresas em Portugal e nos países de língua oficial portuguesa.

Estímulos
Encontrar novas edições interessantes e **actuais** para as necessidades e expectativas dos leitores das áreas de Economia e de Gestão. Investir na qualidade das traduções técnicas. Adequar o preço às necessidades do mercado. Oferecer um *design* de excelência e contemporâneo. Apresentar uma leitura fácil através de uma paginação estudada. Facilitar o acesso ao livro, por intermédio de vendas especiais, *website*, *marketing*, etc.
Transformar um livro técnico num produto atractivo. Produzir um livro acessível e que, pelas suas características, seja **actual** e inovador no mercado.

Afinal quem são 'eles'?

Actual Editora
Conjuntura Actual Editora, L.da
Caixa Postal 180
Rua Correia Teles, 28-A
1350-100 Lisboa
Portugal

TEL: (+351) 21 3879067
FAX: (+351) 21 3871491

Website: www.actualeditora.com

Título original: *Who are "they" anyway?*
Copyright © 2004 BJ Gallagher
Edição Original publicada por Kaplan Publishing

Edição Actual Editora – Março de 2007.
Todos os direitos para a publicação desta obra em Portugal reservados
por Conjuntura Actual Editora, L.da
Tradução: Marta Pereira da Silva
Revisão: Sofia Ramos
Design da capa: Brill Design UK
Paginação: Guidesign
Gráfica: Guide – Artes Gráficas, L.da
Depósito legal: 256069/07

ISBN: 978-989-8101-00-6

Nenhuma parte deste livro pode ser utilizada ou reproduzida, no todo ou em parte, por qualquer processo mecânico, fotográfico, electrónico ou de gravação, ou qualquer outra forma copiada, para uso público ou privado (além do uso legal como breve citação em artigos e críticas) sem autorização prévia por escrito da Conjuntura Actual Editora.

Este livro não pode ser emprestado, revendido, alugado ou estar disponível em qualquer forma comercial que não seja o seu actual formato sem o consentimento da sua editora.

Vendas especiais:
O presente livro está disponível com descontos especiais para compras de maior volume para grupos empresariais, associações, universidades, escolas de formação e outras entidades interessadas. Edições especiais, incluindo capa personalizada para grupos empresariais, podem ser encomendadas à editora. Para mais informações, contactar Conjuntura Actual Editora, L.da.

Afinal quem são 'eles'?

BJ Gallagher e Steve Ventura

www.actualeditora.com
Lisboa — Portugal

Dedicatória

Para os Nossos Pais,
Ken Gallagher e António Ventura.
Vocês são os homens mais importantes das nossas vidas.
Vocês ensinaram-nos muito sobre responsabilização,
realização, trabalho duro, sucesso e
como sabe bem tomar a iniciativa e agir.
Obrigado, Pai.

ÍNDICE

Prefácio de Ken Blanchard   9

Parte I
A História   11

Afinal quem são "eles"?   12

Parte II
Da Parábola à Prática   63

Na sua organização toma-se a iniciativa
e assume-se a responsabilidade?   67

Como posso modificar aqueles que
são "vítimas profissionais"... que
estão sempre a culpar os outros?   71

Imagine um local de trabalho onde
não existe "eles"...   75

Até que ponto é responsável
e responsabilizável?   79

O que é que ganho em tomar
a iniciativa e em assumir
a responsabilidade?   82

Responsabilização: O que é que
uma palavra contém?   83

É um choramingão ou um vencedor? 84

Nunca mais vítima! 87

E se quiser mudar? 91

Concentre-se no que *pode* fazer,
não no que não pode 96

Transforme o seu *problema* num
objectivo ao perguntar "O que
é que quero?" 99

Quatro etapas para mudar o seu
ponto de vista, a sua atitude
e/ou o seu comportamento 104

Por vezes as pequenas coisas podem
fazer uma grande diferença… 108

As palavras mais importantes
da responsabilização pessoal 111

Sobre os Autores 113
Agradecimentos 119

PREFÁCIO

Quem trabalha na sua organização comporta-se como vítima – e culpa tudo e todos pelos seus problemas? Os colaboradores e os gestores são apanhados no "jogo de atribuição de culpa a outros", de apontar o dedo e ficar na defensiva?

Infelizmente, este jogo é jogado todos os dias em organizações grandes e pequenas – o resultado é a baixa produtividade, reduzido espírito de equipa, ressentimento e rancor, e uma moral baixa. Os colaboradores culpam a gestão pelos seus problemas; os gestores sentem-se frustrados e culpam os colaboradores por não tomarem a iniciativa; e os departamentos culpam-se uns aos outros sempre que algo corre mal. Passamos a ter um clima de acusação e retaliação. Todos acham que é papel de outro fazer alguma coisa!

Qual é a solução? Responsabilização pessoal. Só quando os colaboradores e os gestores assumirem ambos a iniciativa e se tornarem responsáveis pelos *seus* comportamentos e resultados é que as coisas poderão mudar. Este livro maravilhoso de BJ Gallagher e Steve Ventura dá-nos a oportunidade de iniciar essa mudança – em nós e nas nossas organizações.

A Parte I conta a história de Joe que decide ir à procura dos efémeros "eles", que todos parecem considerar responsáveis por melhorar as coisas.

A Parte II dá-nos a oportunidade de aplicar a moral da história às nossas vidas profissionais. Passamos da parábola à prática através de questionários que incitam ao raciocínio e de auto-avaliações que nos encorajam a reflectir sobre o nosso próprio nível de responsabilização pessoal e predisposição para tomar a iniciativa.

Pequenos textos estimulam o nosso pensamento acerca de como podemos ter mais sucesso ao fazermos pequenas alterações na forma como lidamos com situações e problemas no trabalho. E citações inspiradoras de pessoas talentosas encorajam-nos a mostrar que estamos à altura e a tornarmo-nos mais fortes na forma como vivemos as nossas vidas. No seu conjunto, a parábola e os exercícios baseados na experiência oferecem uma óptima solução de aprendizagem tanto aos elementos de equipas como aos gestores.

Um pequeno elogio a Steve Ventura por ter formado equipa com BJ Gallagher – sou um grande fã de BJ Gallagher e juntos eles estão a ensinar-nos uma importante lição de uma forma esclarecedora e divertida!

Ken Blanchard, co-autor de *The one minute manager* e *On target manager*.

PARTE I

A História

*Esta é a história
de alguém que tem um problema.*

Quem é ele?

*Apenas um tipo normal,
     num trabalho normal
          numa organização normal.*

Que tipo de problema?

*Bem, digamos apenas
que é um que não é nada
invulgar…*

… talvez até já o tenha tido.

*Veja se a história dele
     lhe soa familiar…*

Durante muitos anos
ouvi falar "deles"...
e questionei-me muitas vezes
mas afinal quem são "eles"?

Sabe de quem estou a falar:

Eles poderiam ter evitado esta situação.
Eles nunca nos dizem o que realmente se passa.
Eles precisam de FAZER alguma coisa em relação a isto!
A culpa é deles!

Tenho a certeza de que também já ouviu:

Eles não se preocupam com a qualidade e o serviço;
Eles só querem saber de números e dos resultados.
Eles nunca estão por perto quando é preciso.
Eles não conseguem decidir o que fazer.
Eles fazem apenas o mínimo indispensável.
Mas quando é que eles aprendem?

Eles estão em todo o lado,
Juro!

Escute estas queixas:

Eles estão a dar cabo desta organização.
Eles estão a dar comigo em doido!
Eles não ouvem ninguém.
Eles não são de confiança.
Eles estão apenas disponíveis para eles próprios.
Eles nunca estão satisfeitos.
Eles podiam resolver os nossos problemas se realmente
    o quisessem fazer.
Estou farto de eles não assumirem a parte da responsabilidade
    que lhes compete!

É absolutamente desconcertante.

Eles são responsáveis por tudo,
mas não nos dizem nada.
Eles estabelecem as regras e as políticas
pelas quais temos de reger o nosso trabalho,
mas essas regras e políticas atrapalham muitas vezes
o nosso trabalho.

Eles dizem-nos
que precisamos de *aceitar* a mudança,
mas não se modificam a eles próprios.
Eles parecem ter todo o poder,
mas não o utilizam de forma sensata.

Eles querem,
eles esperam,
eles exigem,
eles cortam,
eles controlam,
eles mandam,
eles, eles, eles…

São sempre "eles"!

Mas afinal quem são ELES?

Bem, não me interpretem mal...
Eu gosto do meu emprego.
E a empresa
até não é má,
comparando com outras.

Gosto das pessoas,
algumas são mesmo espectaculares,
e os membros da minha equipa,
enfim, não nos damos mal.

Mas é tão difícil
lidar algumas vezes com problemas...

E pior ainda,
é impossível tentar
mudar alguma coisa,
porque eles não nos deixam –
eles não o aprovam;
dizem que a economia está instável
por isso é melhor não arriscar.

Olhem, ainda há pouco tempo,
deparei-me com um problema
relacionado com uma nova tecnologia
que devíamos estar
a implementar.

Segui os procedimentos,
fiz o que tinha aprendido
na formação,
mas o problema manteve-se.

Apresentei as minhas dificuldades aos meus colegas de equipa,
mas ofereceram pouco no que diz respeito a ajuda...

Um disse,
"Não sei.
Consulta o manual
Que *eles* te deram."

Outro respondeu,
"Não me perguntes a mim,
Esse novo material foi ideia *deles*,
não minha."

E um terceiro limitou-se a encolher os ombros
e virou-me as costas.

Então, fui perguntar à minha chefe.

A porta estava aberta,
por isso entrei logo.
Ela levantou os olhos dos papéis
que tinha em cima da secretária.
"Que se passa?"
     perguntou,
enquanto fazia sinal para que me sentasse.

"O que se passa é que me sinto frustrado,"
     respondi-lhe.
"Tento fazer um bom trabalho
mas surgem problemas,
alguns dos quais
poderiam ter sido evitados.
Mas quando falo com os outros
tudo o que ouço é:
     Eles não querem ouvir falar de problemas.
     Eles só querem boas notícias.
     Eles não gostam de ondas.
E eu, estou a tentar descobrir
Quem são estes 'ELES'!

A senhora é a minha chefe…
Você é um '*deles*'?
Você é quem é responsável?"

Ela encostou-se
na cadeira
quando disse:
"Quem me dera!
Se fosse um deles,
as coisas seriam
muito diferentes por aqui.
Mas eles não consideraram apropriado
incluir-me no seu grupo.
Tal como você, apenas trabalho aqui."

"Bem, então,"
    perguntei,
"pode dizer-me
quem são *eles* ...
e onde *os* posso encontrar?"

"Sabe,"
    respondeu,
"São quem gere esta empresa –
quem toma as decisões diárias.
Eles estão sempre no comando.
Vá lá acima
onde trabalham os gestores seniores.
Será lá que *eles* estão."

E eu fui lá acima,
com esperança de que *eles*
estariam lá.

Perguntei à recepcionista,
"Eles estão?
Preciso de falar com eles.
Surgiram uns problemas
que precisam de ser resolvidos."

"Eles? Aqui?"
    interrogou ela.
"Deve estar enganado.
Não está cá ninguém
excepto nós,
e certamente não somos responsáveis
por esses problemas.
Eles estão na sede –
aqueles que procura –
naquele edifício alto
no centro da cidade."

Lá fui eu ao centro da cidade,
convencido
de que eles lá estariam.

Em qual edifício?
Interroguei-me
quando cheguei,
enquanto olhava para cima para
todos os arranha-céus tão altos –
todos tão parecidos.

De certeza que os responsáveis
estão num destes edifícios.
Mas em qual?
Vou perguntar a alguém…

"O senhor desculpe,
estou à procura 'deles' – sabe dizer-me
onde estão?"

"Claro que sei – todos sabem
onde *eles* estão."
    Olhou-me severamente
    enquanto pousava a pasta no chão.
"Eles estão na Sala da Administração,
lá em cima no 47º andar."
    Apontou para o topo
    do edifício mais alto.
"Quando os encontrar,
diga-lhes para trabalharem melhor.
Há problemas
que precisam de ser resolvidos
e pessoas
que precisam da sua atenção."

"Eu digo-lhes",
    respondi.
"Muito obrigado
pelas suas indicações…"

Mas penso que ele não me ouviu.

Nesse preciso momento
a luz do semáforo mudou,
e a multidão que aguardava
atravessou rapidamente
o cruzamento.

Então encolhi os ombros num adeus
e dirigi-me para o elevador
no edifício mais alto –
à procura *deles.*

Quando cheguei ao topo,
as portas do elevador abriram-se,
e uma multidão de fatos e gravatas
estava ali de pé.
A reunião tinha sido suspensa nesse momento
e estavam todos juntos
à espera do elevador.

"Desculpem-me,
 são vocês que estão a gerir?
 Tenho andado à vossa procura
 por toda a parte."

"O que é isso... não,"
      respondeu um fato e gravata,
"Mas gostava de *lhes* dizer
 algumas coisas!"

A sua cara tornou-se muito vermelha,
 enquanto continuava,
"Eles estão no edifício do seu sindicato.
 Todos sabem
 que é o *Labor** que controla
 o que se passa por aqui."

---

* **N.T.** Referência ao Partido Trabalhista.

"Pois é,
esses tipos são duros de roer!"
        concordou outro de fato e gravata.
"Temos tentado que eles
assumam as responsabilidades
e lidem
com as nossas preocupações.
É como estar a falar
para uma parede.
Duvido que conversar
valha a pena – pelo menos não com *eles*."

"Bem,
tenho de tentar",
        disse.
"Há problemas
que precisam de atenção.
O sucesso está em jogo...
os nossos empregos estão em perigo!
E *eles* precisam
de fazer alguma coisa!
Não percebem?
Tenho de continuar
à procura *deles*."

Fui de táxi
para o edifício do sindicato
na expectativa
de não ir
demasiado tarde.

O motorista do táxi
era rude
mas simpático.
"Está na cidade
em negócios ou divertimento?"
        perguntou-me,
enquanto me observava
pelo espelho retrovisor.

"Negócios",
        respondi.
"Negócios importantes."

"Ai sim?"
        interrogou ele,
        com uma sobrancelha levantada.

"Sim",
        confirmei com a cabeça,
"Espero estar em breve
  a falar com *eles*."

"Boa sorte!"
disse
de forma sarcástica.
"Não tenha muitas esperanças,
se quer saber a minha opinião."

"Bem,
não é o único
a sentir isso",
suspirei.
"Há muitos
que sentem o mesmo.
Mas, mesmo assim,
tenho de continuar.
Não posso parar agora – já venho de muito longe."

"OK então,
aqui estamos nós,"
enquanto se dirigia para o passeio
em frente
a um edifício de tijolo.

"São doze
e cinquenta",
disse.

Paguei-lhe
com uma gorjeta generosa
e acenei-lhe enquanto se afastava.

Tentei não pensar
que talvez ele estivesse certo.

Virei-me de frente para o edifício.
"Espero mesmo que eles estejam aqui –
estou a ficar farto de andar à procura."

Uma vez lá dentro
parei – indeciso sobre
em que gabinete tentar.

"Posso ajudá-lo?",
    alguém perguntou.

"Pode",
    sorri,
    voltando-me para dar de frente com um homem
    em mangas de camisa.
"Foi-me dito que poderia
  encontrá-*los* aqui."

"Esse '*los*'
seria quem?",
    perguntou.

"Os responsáveis
  pelo que acontece
  no trabalho,"
    respondi.
"Foi-me dito que
  eles estão aqui."

"Ah!
Quem é que
lhe disse isso?"
    riu,
    tirando o cigarro
    da boca.
"Quem quer que tenha sido
impingiu-lhe um monte de tretas!"

Bateu-me no ombro
como se estivéssemos a partilhar uma piada.
Abanando a cabeça
continuou,
"São esses contabilistas –
com eles é que devia estar a falar.
Esses tipos da área financeira –
são eles que tomam todas as decisões.
Eles gerem tudo de acordo com os números.
São os 'das calculadoras'
que procura."

"Onde é que os encontro?",
    perguntei
quando ele se voltava para sair.

"É só seguir o dinheiro…"
    foi a sua resposta,
    antes de desaparecer
    no fundo do átrio.

Desiludido
e desanimado,
voltei-me devagar
para a saída.

"Isto está a levar
muito mais tempo
do que pensava,"
    resmunguei
      para ninguém em particular.

"Quem *são* os responsáveis
pelo que se passa aqui?
Não posso andar para sempre
à procura deles.
As coisas não estão a ficar melhores
e *eles* precisam de FAZER alguma coisa!"

Voltei para o centro da cidade –
ainda na minha busca –
ainda à procura *deles.*

Cheguei a um edifício
todo envidraçado e cromado,
e abri o caminho
através da porta giratória
e segui as placas
para o Departamento Financeiro.

"Desculpe-me, menina,"
perguntei no balcão de informações,
"Indicaram-me que aqui
me poderia encontrar com *eles* –
pode informá-*los*
de que estou aqui?"

"Oh... uh...
peço desculpa,
mas deram-lhe indicações erradas",
sorriu com doçura.
"Eles não estão aqui –
nós apenas trabalhamos os números,
é tudo o que fazemos."

"Mas não é aqui
que trabalha o responsável pela contabilidade?
E ele ou ela não *tem controlo* de tudo?"
perguntei.

"Bem, sim",
respondeu ela,
"É aqui que trabalha a Directora de Contabilidade,
mas ela não *controla* verdadeiramente as coisas.
Eles é que o fazem!"

"Mas em que lugar do mundo
 é que *os* posso encontrar?!"
         gritei, quase perdendo a calma.
"Nós temos problemas,
 questões
 e preocupações
 e nada será alguma vez resolvido
 se não conseguir encontrar
 os tais '*eles*' que são os responsáveis!"

"Bem, não descarregue em cima de mim,"
         exclamou de certa
         forma perplexa
         com a minha explosão.

"Peço desculpa,
 peço imensa desculpa,"
       apressei-me a dizer.
"Não estou zangado consigo;
 estou apenas cansado de procurar
 aqui, ali e em todo o lado.
 Por favor aceite as minhas desculpas."

"Claro que sim",
       respondeu ela.
"Sei como se sente.
 Eles podem ter um efeito muito perturbador,
 não é?
 Sente-se
 que eu telefono
 aos Recursos Humanos
 para ver
 se eles o podem ajudar,
 OK?"

O que é que podia dizer?
Nesta altura,
estava quase pronto a desistir.
"Claro,"
       suspirei
       enquanto me deixava cair
       num grande cadeirão de pele.

Enquanto estava ali sentado
a descansar os pés,
reparei num exemplar do relatório anual
da nossa organização
em cima da mesa
ao meu lado.

Peguei nele
e comecei
a folheá-lo.

O nosso local de trabalho parecia tão promissor
mostrado
nas páginas de papel brilhante:
colaboradores sorridentes
de todas as cores e tons,
executivos respeitáveis
emanando poder e confiança
dos seus fatos com pequenas riscas.
E o trabalho de equipa –
sobretudo, trabalho de equipa –
destacado
em todas as páginas.

"Uma grande
família feliz…"
      murmurei para mim,
"… pois sim."
Frustração
e cinismo
subiram-me
à garganta.

Foi então
que uma jovem mulher
dos Recursos Humanos
entrou.
"Disseram-me
que está com um problema,"
     disse ela no seu tom de voz
     mais tranquilizador.
"Lamento muito.
Há alguma coisa que possa fazer
para ajudar?"

"Não faço ideia,"
respondi, cansado.
"Talvez não valha a pena.
Tenho andado a tentar
encontrar os 'eles'
de quem eu ouço falar
o tempo todo.

Os meus colegas de equipa
queixam-se 'deles',
a minha chefe
lamenta-se 'deles',
as pessoas com quem falo
noutros departamentos
lastimam-se por todos os problemas
provocados por estes
misteriosos e ilusórios *'eles'*.

Estou apenas a tentar descobrir
afinal
quem são *eles*?"

"Compreendo perfeitamente o que quer dizer,"
    assentiu com a cabeça
    mostrando empatia.

"Segundo sei
eles estão todos
nas Operações.
Eu estou nos Recursos Humanos
e somos apenas um
departamento de *Pessoal,*
sem poder
ou autoridade.
Nós também estamos frustrados
com *eles,*
mas não há nada
que possamos fazer.
As coisas são assim mesmo."

Eu não respondi.
Apenas fiquei ali sentado,
a interiorizar
o que ela tinha dito.

Estava sem forças,
já não estava chateado,
apenas resignado.

"Bem, obrigado
pelo seu tempo,"
agradeci,
levantando-me
do cadeirão.
Estendi a mão
e ela
apertou-a com graciosidade.

"Gostaria de o ter podido
ajudar mais,"
sorriu um
pouco triste.

"Oh, tudo bem,"
      respondi.
"Neste momento
penso que *ninguém*
pode ajudar.
Parece que
ninguém é responsável
por *coisa alguma*!

Parece-me que vou
até ao bar
tomar um café."

Atravessámos o átrio
juntos
e em silêncio.

"Vou ficar aqui
na casa de banho
para lavar as mãos",
disse-lhe.
"Mais uma vez obrigado pelo seu tempo."

"Ora essa, sempre que quiser",
e acenou
à medida
que atravessava o átrio.
"Adeus."

Empurrei a porta
da casa de banho
e entrei.

No local
não estava ninguém
excepto um tipo
a lavar as mãos
num dos lavatórios.

Dirigi-me a outro lavatório
e abri a torneira.

"Está um belo dia, não está?",
    comentou.

"Nem por isso",
    foi a minha resposta mal-humorada.

"Está com algum problema?",
    perguntou.

Passei os olhos
por ele.

Não o reconheci,
mas isso
não queria dizer nada –
a empresa é muito grande.

"Não o quero
aborrecer
com pormenores.
Digamos
que estou a ter um dia mau."

"Ai sim?",
        as suas sobrancelhas erguidas
        continuaram a interrogar.

"Sim",
        respondi.
"Passei o dia todo
a tentar descobrir
quem é que realmente gere isto…
Quem é responsável
quando as coisas correm mal?
Quem é responsável
por resolver problemas?
Quem é responsável
por fazer a diferença?"

"OK, estou a ver,"
        respondeu.

"Eu só queira saber,
afinal quem são *eles*?",
        disse
        num tom de frustração.

"Oh, sim,
 essa é boa,"
     assentiu com a cabeça.
"Tenho-me debatido
 com essa questão",
     disse.

"Pois.
 Mas *ninguém*
 conseguiu a resposta",
     queixei-me.
"Estive
 em todo o lado,
 e não consegui nada.
 Nada.
 Nicles.
 Niente.
 Zero."

"Não me diga!"
     respondeu
     com um tom
     de espanto.

Olhei para ele e perguntei-lhe:
"Sabe alguma coisa
que eu não sei?"

"Nem por isso,"
       respondeu.
"Apenas sei
que algumas vezes
procuramos respostas
em todos os sítios
excepto naquele que é o mais óbvio.

Nunca teve
essa experiência?
Passa o dia todo
à procura de algo –
até que finalmente
desiste de frustração.

E assim que desiste,
de repente
aquilo que procurava
aparece –
mesmo à vista,
mesmo debaixo do seu nariz!"

"Bem, sim,"
    concordei,
"Já *tenho* tido essa experiência…
 quando procuro as chaves do carro,
 o comando da televisão,
 a trela do cão.
 Sim,
 algumas vezes *está* mesmo ali
 debaixo do meu nariz."

"Bem, talvez
 seja o que se está a passar aqui.
 Pode ser que
 a sua resposta esteja
 escondida mesmo à vista,"
    disse ele,
     enquanto enxugava as mãos
     com toalhas de papel.

"Bem, compreendo
 o que quer dizer,"
        respondi.
"Mas não me parece
 que se aplique a esta situação."

"Hum,
 talvez sim, talvez não,"
        disse,
        enquanto se dirigia
        para a porta.
"Foi só uma ideia."

"Bem,
 de qualquer forma obrigado…"
        agradeci de uma forma desajeitada.

 Demasiado tarde.
 Já tinha saído…

"Huh?",
     disse.
"Escondida mesmo à vista...
     não pode ser..."

Agora sozinho,
abri a água,
inclinei-me sobre o lavatório
e comecei a lavar as mãos –
a lavá-las de todo este assunto,
desta procura infrutífera.

Abri a água quente
e debrucei-me mais
para salpicar a cara
com um pouco de água.
Toda esta experiência
tinha sido desgastante,
e esperava que pudesse lavar o cansaço
da minha cara.

A água quente soube-me bem…
tranquilizante,
relaxante
e calmante.

Demorei algum tempo…
colocando a água corrente
nas minhas mãos em concha
e levando-a
à cara.
Ahhh…

Por fim,
endireitei-me,
tirei algumas toalhas de papel
do recipiente
e comecei a secar a cara.
Enquanto me olhava ao espelho
ligeiramente embaciado,
continuava a repetir na minha cabeça
as palavras do desconhecido...

"Escondida mesmo à vista
debaixo do meu nariz..."

Então, de repente,
fez-se luz em mim –
como se alguém
tivesse pressionado um botão
na minha cabeça:
"Ah!
Eis a resposta –
aqui mesmo no espelho
a olhar para mim!
Está tão à vista
como o nariz na minha cara.
A resposta é **EU**!"

"Bem,
quem diria?
Estive à procura
da responsabilidade
em todos os sítios errados!

Pensei que *alguém*
era o responsável –
Pensei que *eles* deviam
ter as respostas.

Agora finalmente percebo –
não existe eles…
existe apenas **EU**."

Atirei a toalha de papel
para o lixo
e dirigi-me para a porta.
Num momento de impulso,
voltei novamente para junto do espelho,
ainda um pouco embaciado
por causa da água quente.

Tal como tinha feito algumas vezes
em criança,
usei o dedo
para escrever
no espelho embaciado

EU
em grandes letras maiúsculas.

Afastei-me um pouco e sorri.

Nesse preciso momento
outra pessoa
entrou na casa de banho.

Olhou para mim
e depois para o espelho
e a seguir novamente para mim.
Parecia confuso.
"O que é isto?",
    perguntou.

"Acabei de resolver um problema
 em que estava a trabalhar",
    respondi.
"Descobri
 que já tinha
 a solução...
 Só que não sabia."

"A sério?"
Ele reflectiu
um pouco
enquanto olhava
para o **EU** no espelho.

Falei-lhe abreviadamente
sobre a frustração do meu dia
e a minha infrutífera procura
por *eles*.

"É uma história excepcional",
    disse
       enquanto passava um pente pelo cabelo.
"E, sem dúvida,
penso que tem
a resposta certa."

"Obrigado",
    respondi.

"E talvez haja mais…",
    continuou.

"Mais quê?",
    perguntei.

"Mais respostas certas.
Tal como muitas questões
na vida,
pode até haver
mais do que uma
resposta certa
para a sua pergunta",
    disse.

"Sim,
talvez
tenha razão",
    concordei.

"Aqui está outra possibilidade,"
    prosseguiu
enquanto escrevia
no espelho embaciado:

NÓS

"Eh, tem razão",
    ri-me baixinho.
"Nunca tinha pensado nisso."

"Bem,"
    respondeu,
"como é o velho ditado,
'Duas cabeças
  pensam melhor do que uma'...?
  Penso que é verdade."

"Sim,"
   concordei com a cabeça,
"e quando olho para as duas palavras,
noto que se parecem um pouco como
duas faces da mesma moeda…
Vê?
Se colocar o EU [ME] aqui,
e o NÓS [WE] mesmo por baixo,
parece que
se espelham um ao outro.

ME
WE

NÓS e EU ficam bem juntos,
tal como uma mão esquerda e uma direita
a funcionar em conjunto."

"Gosto da forma como pensa!"
    exclamou
enquanto observávamos
as palavras.

Vimos as nossas palavras
e as nossas caras
reflectidas no espelho.

"Faz-me lembrar aquele
conto de fadas
que contava à minha filha
quando ela era pequena…

mas quando olho para isto, o que
me vem à cabeça é:
Espelho, espelho meu
quem é o responsável senão eu?"

"Ninguém," respondi.

"Ou NÓS", acrescentou ele.

Ficámos ambos em silêncio durante um momento…

"Bem, tenho de me despachar,"
     quebrei o silêncio,
     dirigindo-me para a porta.

"Qual é a pressa?"
     perguntou ele
     enquanto me seguia.

"Não há tempo a perder...
 Tenho coisas para fazer
 e problemas para resolver!"
     respondi.

"Eh, eu também!",
     assentiu com a cabeça
     em sinal de concordância.

 E saímos os dois...

FIM… ?

Não, é apenas o início.

PARTE II

Da Parábola à Prática

Reconheceu algumas situações da história? Estas pareceram-lhe familiares? Mas, mais importante, reconheceu-se *a si* na história?

Esta parte do livro foi concebida para o ajudar a reflectir e a falar sobre até que ponto assume responsabilidade e iniciativa no seu trabalho. É uma oportunidade para avaliar a maneira como os outros agem na sua organização e também para reflectir um pouco sobre as suas próprias acções. Pode analisar o modo como aborda os problemas. Pretende assumir uma maior responsabilização pessoal? O que é que tem a ganhar? O que é que tem a perder?

Resumindo, o que se segue é uma "caixa de ferramentas" desenhada para o ajudar a reflectir sobre a parábola e a aplicar as lições-chave ao seu próprio trabalho. Pode ter uma conversa consigo sobre o seu emprego / carreira / futuro. Pode fazer escolhas para tentar fazer as coisas de um modo ligeiramente diferente no futuro. A escolha é sempre sua. Apenas oferecemos alternativas e opções. Aqui não existe "devia" – apenas "podia".

"O meu interesse é o futuro, pois é lá que vou passar o resto da minha vida."

C. F. KETTERING, *inventor e engenheiro do ramo automóvel*

"Não existe *tentar*... existe apenas *fazer*."

YODA, *em* Star Wars – A Guerra das Estrelas *(George Lucas)*

Na sua organização toma-se a iniciativa e assume-se a responsabilidade?

Na nossa história, observámos uma organização na qual cada um pensava que os outros eram o problema – que os outros deviam ter a solução. Este tipo de jogo de atribuição da culpa estava profundamente enraizado na cultura desta organização. E como avaliaria a cultura onde *você* trabalha?

SIM NÃO

☐ ☐ 1. Os seus colegas referem-se a "eles" ou dizem que a culpa é "deles" quando se referem à gestão ou a outros departamentos? ("Eles não nos deixam…", "Eles mantêm-nos no escuro…", "Eles gastam o dinheiro todo, mas nós é que fazemos o trabalho todo", etc.)

☐ ☐ 2. Os seus colegas preocupam-se com alguma frequência em salvaguardar a sua posição com documentos, aprovações, etc.? ("Eu telefonei-lhe a dar a informação, mas também lhe escrevi um memo para salvaguardar a minha posição.")

☐ ☐ 3. Os colaboradores sentem-se "vítimas" da gestão? Eles falam e agem como se não pudessem fazer nada e não tivessem qualquer controlo?

☐ ☐ 4. Alguns indivíduos ficam com o crédito das ideias de outros ou com as realizações de grupo?

☐ ☐ 5. Os seus colegas são rápidos a esclarecer que não fizeram nada de errado quando algo corre mal?

☐ ☐ 6. Ouve os colegas a lamuriarem-se e a queixarem-se frequentemente das muitas razões pelas quais não podem fazer o que é preciso ser feito?

☐ ☐ 7. Muitos respondem-lhe que "Essa não é a minha função"?

SIM NÃO

☐ ☐ 8. Os supervisores e os gestores mostram-se muitas vezes frustrados porque "os colaboradores não tomam a iniciativa"?

☐ ☐ 9. Estão sempre a apontar o dedo e a queixar-se de problemas mas raramente propõem soluções?

☐ ☐ 10. Muitos escondem-se atrás de políticas e procedimentos, descrição de funções, manuais de colaboradores, etc., para justificar por que não podem fazer algumas coisas?

___ ___ **TOTAL**

"O Homem tem de deixar de atribuir os seus problemas ao meio envolvente e aprender a exercer a sua vontade – a sua responsabilidade pessoal."

ALBERT SCHWEITZER, *físico, filósofo e humanista francês, vencedor do Prémio Nobel*

PONTUAÇÃO:

PONTUAÇÃO MAIS BAIXA: Se respondeu **"NÃO" às dez** questões, parabéns! Trabalha numa organização com um elevado nível de responsabilização pessoal. Tanto os gestores como os colaboradores assumem a responsabilidade por apresentar ideias e resolver problemas.

PONTUAÇÃO BAIXA: Se respondeu **"SIM" a três ou menos** destas questões, a sua organização está em muito boa forma. Em geral, a maioria sente-se responsabilizada e assume a responsabilidade de melhorar o desempenho da organização. O jogo de atribuição da culpa a outros só acontece ocasionalmente.

PONTUAÇÃO MODERADA: Se respondeu **"SIM" de quatro a seis** destas questões, tem motivos para se preocupar. Os colaboradores são rápidos a apontar o dedo para acusar e lentos a aceitar a responsabilidade de encontrar soluções. É provável que esteja presente um nível elevado de receio e as pessoas são castigadas por tomarem a iniciativa para lá da descrição das suas funções ou por não seguirem as regras. Muitos sentem-se realmente como "vítimas".

PONTUAÇÃO MÁXIMA: Se respondeu **"SIM" a sete ou mais** destas questões, a sua organização chegou à primeira liga do jogo de atribuição da culpa a outros! Os colaboradores sentem-se vítimas da gestão; a gestão sente-se vítima porque os colaboradores "não tomam a iniciativa"; e todos despendem muita energia a culpar os outros. A sua organização tem muito trabalho pela frente se quiser implementar uma cultura de responsabilização.

"... o *marketing* culpa o departamento de I&D por conceber produtos ou características que o consumidor não precisa em vez daqueles que o *marketing* sabe que o consumidor quer; as vendas atacam o *marketing* pelo inadequado apoio das brochuras mal concebidas ou anúncios dirigidos ao público-alvo errado; a produção acusa as vendas de aprovar previsões que provocam demasiadas encomendas de um produto não disponível na altura ou *stocks* excessivos; o I&D aponta o dedo à produção por não resolver problemas de produção... no piso da fábrica; os *vice presidents* censuram os administradores por estes não assumirem mais responsabilidade, enquanto os administradores repreendem os *vice presidents* tanto por não fornecerem directrizes suficientes como por serem demasiado rígidos. É um círculo constante, um carrossel de acusações que não faz nada para resolver os problemas de uma organização."

—Roger Connors, Tom Smith e Craig Hickman,
autores de *The Oz Principle*

Como posso modificar aqueles que são "vítimas profissionais"...
que estão sempre a culpar os outros?

A resposta breve a esta pergunta é: Não pode.

A resposta longa: A única pessoa que consegue modificar é a si próprio.

A resposta mais longa: A única pessoa que consegue modificar é a si próprio. No entanto, *poderá* ser capaz de influenciar outros – em diferentes níveis – se escolher fazê-lo. Como é que isso se faz?

Primeiro, aceite os outros tal como são. Soa a contradição, mas, se tiver uma réstia de esperança de que os outros podem mudar, tem de começar por permitir que eles NÃO mudem. Comece por aceitá-los e que não seja um problema serem exactamente como são.

Quando sentem que estão a tentar mudá-los, corrigi-los ou controlá-los, irão instintivamente resistir. A única forma de mudarmos é primeiro sermos aceites como somos e sentirmos que tanto faz que mudemos ou não, nós é que escolhemos. Assim que os outros se sentem aceites tal como são, *poderão* então estar abertos à possibilidade de mudança – se houver algo de positivo e se sentirem inspirados pelo exemplo de outros. Também precisam de se sentir seguros de que os outros os estão a apoiar e a ajudar e não estão à espera de uma oportunidade para os criticar, censurar ou ridicularizar.

Dick Richards, autor de *Artful Work* entende isso quando diz: "Não estou interessado em converter os inconvertidos. Estou interessado em ajudar os convertidos a terem mais sucesso." Os inconvertidos irão tratar de si próprios. Irão observar os resultados de quem tem sucesso e "entrar no barco", ou então irão desaparecer. Richards trabalha com aqueles que já querem mudar, que estão abertos a aprender. Não perde tempo com quem não está pronto a mudar.

Há um velho ditado popular relacionado com esta ideia: "Nunca tente ensinar um porco a cantar. Não dá resultado e apenas irrita o porco." Não perca o seu tempo e energia emocional a tentar influenciar alguém que claramente não está interessado em aceitar responsabilidade pessoal.

Há quem aprecie realmente o papel de vítima, pois tem sido o seu há tanto tempo. Gostam de não ter de mudar, correr riscos ou de assumir responsabilidades. Deixe-os em paz; deixe-os a comiserar-se no seu negativismo. E mantenha-se distante deles (sem ser mal-educado, como é óbvio), para não ser infectado com o "vírus da vítima".

Se tivermos a esperança de que os outros à nossa volta podem mudar e começar a ser mais responsáveis, o melhor que cada um de nós tem a fazer é ser um exemplo – um exemplo notável de responsabilidade pessoal, de quem põe em prática os valores que defende. Temos de o viver nós próprios antes de podermos esperar que alguém nos siga. Temos de lhes mostrar como o facto de tomarmos a iniciativa e nos tornarmos responsáveis nos levou ao sucesso profissional e à satisfação pessoal. Gandhi exprimiu-o muito bem: "Temos de *ser* a mudança que desejamos ver no mundo."

Nota especial. Faça o que fizer, evite apontar o dedo! Ninguém reage bem a censuras ou humilhações para mudar o seu comportamento. Não tenha o discurso do "devias". Em vez disso, influencie os outros através da inspiração e do exemplo.

Convide-os a "experimentar" novas formas de abordar o seu trabalho e as suas funções. As experiências são uma forma excelente, pois possibilitam que se tente coisas novas na base da hipótese – sem sentirem que assumiram um enorme compromisso, que é para sempre. A maioria das pessoas muda aos poucos, não de uma forma drástica. Mostre-lhes (e a si também) que podem dar pequenos passos de cada vez. Aplauda os seus sucessos; conforte-os quando se sentirem desencorajados e caírem nos velhos hábitos; mostre-lhes que está do seu lado, independentemente do que aconteça.

Nota adicional. Não perca muito tempo e energia a destacar as razões pelas quais ser responsável é positivo para a organização. Muitos estão fartos que lhes digam o que é bom para a organização. Para os motivar, diga-lhes o que é bom para *eles*! Conquiste-os numa base pessoal. Mostre-lhes como tomar a iniciativa os irá ajudar a ter sucesso e a ser mais felizes.

> "Aquele que tem uma menor acção é o que censura mais."
>
> **HOMERO,** *poeta grego, autor de* Ilíada *e* Odisseia

> "Aquilo que diz aos outros para fazerem muitas vezes passa-lhes ao lado. Quem você é não. A mudança que tem em si é contagiosa. Quando você próprio muda, observe como mudam os outros à sua volta."
>
> **STEVE CHANDLER,** *autor de* 100 Ways to Motivate Yourself

Imagine um local de trabalho onde não existe "eles"...

E se tentasse fazer uma experiência no seu departamento, grupo de trabalho ou organização – uma experiência através da qual bania a palavra "eles"? Como é que seria?

Considere a possibilidade...

Chefe de equipa: Vamos lá começar a reunião. John, como estão a correr as coisas com o seu projecto?

John: Bem, mas não óptimo. Deparámo-nos com alguns problemas.

Chefe de equipa: Problemas? Mary, também está nesse projecto – concorda com o John?

Mary assente com a cabeça: Receio que sim.

Chefe de equipa: John, importa-se de ser mais específico?

John: Sim, bem, não estamos a conseguir o aval do Departamento X. Eles simplesmente não vão alinhar.

Chefe de equipa: *Eles*? Não há nenhum *eles*.

John: Ah pois, certo. Hum, bem... *nós* não vamos alinhar.

Chefe de equipa: Por que não?

John: Não faço ideia. Teria de lhes perguntar?

Chefe de equipa: *Lhes*?

John: Oh, desculpe. Teria de perguntar, hum, a *nós*, acho eu – só que *nós* não está aqui na reunião.

Chefe de equipa: Bem, talvez devêssemos juntar todos os *nós* aqui para podermos resolver isto.

John: Hum, acho que sim.

Mary: É uma boa ideia. E se eu ligar já para *nós* e ver se alguns de *nós* podem estar aqui?

Chefe de equipa: OK, e se *nós* não puderem vir imediatamente, vamos marcar um encontro o mais rápido possível, para resolvermos este assunto.

Mary: Pode ser.

John: OK.

Percebe a diferença que uma simples mudança na linguagem pode ter? Toda a discussão se altera quando deixa de haver um "eles" – só há "nós" e "-nos" e "eu" e "-me".

Tente fazer isto com o seu grupo de trabalho... só por uma semana. Tente fazê-lo como uma experiência e veja o que acontece. Pode até fazer uns crachás ou umas *t-shirts* com este símbolo para lembrar a todos que "eles" já não existe:

Só existe "nós". Veja se faz a diferença no seu grupo. Em vez de discussões de "nós *versus* eles", tente ter discussões de "nós *versus* -nos". A linguagem é poderosa. Tente e perceberá.

"O seu futuro depende de muitas coisas, mas principalmente de si."

FRANK TIGER, *filósofo e observador do comportamento humano*

"O melhor sítio para encontrar uma mãozinha que o ajude é na extremidade do seu braço."

ROBERT DEDMAN, *filantropo, empresário e fundador do ClubCorp International*

Até que ponto é responsável e responsabilizável?

A nossa história demonstrou como é fácil reconhecer o que outros estão a fazer (ou não) e como é difícil vermo-nos *a nós* com clareza. É frequente termos "ângulos mortos" em relação ao nosso comportamento. Não pode mudar o seu comportamento se não tiver consciência dele. Tente ser o mais consciente possível de si próprio. Seja franco e honesto na sua auto-avaliação.

Numa escala de 1 a 5, assinale o número que melhor caracteriza com exactidão o seu comportamento no trabalho.

$\boxed{1}$ = nunca $\boxed{2}$ = raramente $\boxed{3}$ = algumas vezes $\boxed{4}$ = frequentemente $\boxed{5}$ = sempre

1 2 3 4 5 1. Quando me apercebo da existência de um problema no meu departamento, partilho a minha preocupação com o meu chefe e sugiro uma solução / soluções para resolver o problema.

1 2 3 4 5 2. Quando cometo um erro, comunico-o o mais rapidamente possível ao meu chefe e a outros responsáveis adequados. Peço desculpa e faço o que estiver ao meu alcance para corrigir o erro.

1 2 3 4 5 3. Quando recebo um elogio, um reconhecimento ou um louvor por um trabalho bem feito, partilho o crédito com outros que me ajudaram a consegui-lo.

1 2 3 4 5   4. Quando existem problemas entre o meu departamento e um outro, esforço-me por unir os dois grupos para encontrar uma solução *win-win** que nos ajude a TODOS.

1 2 3 4 5   5. Quando tenho sugestões de aperfeiçoamento ou novas ideias que podem ajudar a organização a ter mais sucesso, partilho-as abertamente com o meu chefe e/ou com as pessoas adequadas na minha organização.

1 2 3 4 5   6. Se tenho um problema ou desentendimento com um colega na minha organização, vou falar directamente com ele para lhe comunicar o problema (em vez de me andar a queixar a outros).

1 2 3 4 5   7. Reconheço e elogio os outros que demonstrem responsabilização pelo seu trabalho.

1 2 3 4 5   8. Voluntario-me para executar tarefas novas, desafiantes, para lá das minhas funções regulares.

1 2 3 4 5   9. Penso e actuo pró-activamente, para evitar problemas e erros e para ter preparados planos de contingência em caso de algo correr mal.

1 2 3 4 5   10. Quando as coisas não correm como pretendia, tento aprender o que puder com a situação, aproveitar o melhor possível e seguir em frente (eu não me lamento, amuo ou guardo ressentimentos).

_____ **PONTUAÇÃO TOTAL**

---

*   **N.T.** Em que as partes envolvidas ficam a ganhar.

PONTUAÇÃO:

PONTUAÇÃO ALTA (40-50): Demonstra ter um nível elevado de responsabilização pessoal no desempenho das suas funções e também na interacção com outros. Sabe que não é perfeito, mas reage de uma forma madura, responsável, quando as coisas correm mal. É um excelente exemplo para os outros na sua organização.

PONTUAÇÃO MÉDIA (25-39): Em algumas situações, demonstra responsabilização, mas algumas vezes desliza para o jogo de atribuição de culpa a outros. Ocasionalmente, pode sentir-se como uma vítima das decisões ou das acções de outros.

PONTUAÇÃO BAIXA (10-24): Prefere desempenhar um papel mais passivo no trabalho – espera que outros resolvam os problemas ou melhorem o desempenho organizacional.

"Eu sou apenas uma, mas ainda sou uma. Não posso fazer tudo, mas ainda posso fazer alguma coisa. Não irei recusar fazer alguma coisa que posso fazer."

HELEN KELLER, *autora, conferencista e exemplo inspirador que superou incapacidades físicas graves*

O que é que ganho em tomar a iniciativa e em assumir a responsabilidade?

A nossa história evidenciou como todos nos sentimos frustrados quando culpamos os outros pelos problemas, em vez de os reconhecermos como oportunidades para tomarmos a iniciativa e *agirmos*. O que é que ganharíamos com isto? Muito!

1. Tenho um maior controlo sobre o meu destino.
2. Torno-me um contribuinte activo em vez de um observador passivo.
3. Os outros esperam que assuma a liderança.
4. Ganho a reputação de resolver problemas.
5. Os outros são influenciados pela minha energia positiva e gostam de trabalhar comigo.
6. Aumento as minhas hipóteses de obter reconhecimento e as minhas oportunidades de carreira.
7. Aumento o meu poder e influência pessoais.
8. Sinto a satisfação que advém de conseguir fazer as coisas – *o poder da acção positiva.*
9. Sinto menos raiva, frustração e impotência – o que conduz a uma melhor saúde física.
10. Confirmo um efeito positivo que influencia a minha vida pessoal em casa.

RESPONSABILIZAÇÃO:
O que é que uma palavra contém?

Reconheça a situação.

Enfrente as dificuldades com coragem.

Comunique com uma linguagem positiva.

Assuma o problema... e a solução.

Compreenda os pontos de vista dos outros.

Negocie soluções que funcionem para todos.

Assuma novas responsabilidades.

Aja, não se limite a reagir.

Esteja disposto a reavaliar e a renegociar.

Influencie os outros e colabore.

Abandone a mentalidade de vitimização "coitadinho de mim".

Desencadeie resoluções de problemas pensadas e cuidadosas.

Tenha orgulho nos seus resultados.

O "sim" conduz ao sucesso.

É um choramingão ou um vencedor?

A nossa parábola é uma história de transformação. Seguimos o personagem no seu percurso de "choramingão" a "vencedor" – de "vítima" a "vitória". Pergunte-se: *Como me identifico?*

CHORAMINGÃO	VENCEDOR
Diz: "Eu *devia* fazer X…"	Diz: "Eu *quero* fazer X…"
Diz: "Esta gente está a dar comigo em doido!"	Diz: "Controlo os meus sentimentos. Não vou deixar que esta gente me perturbe."
Está concentrado no que os outros têm de errado.	Está concentrado em como consegue lidar eficazmente com os outros.
Pensa: *Como é que eu vou ultrapassar isto?*	Pensa: *O que é que vou aprender com isto?*
Gasta energia a reagir.	Gasta energia a ser pró-activo.
Diz: "Estou atolado! Nunca mais vou conseguir acabar isto tudo!"	Diz: "Vou estabelecer prioridades no meu trabalho e fazer primeiro o que for mais importante."

CHORAMINGÃO

Padrões de raciocínio e falar
consigo próprio conduzem
a fadiga e resignação.

Queixa-se: "Este trabalho
é horrível!"

Está concentrado no que está
errado na situação.

Suspira: "Estou tão confuso,
nunca vou conseguir
perceber isto."

Lamenta-se: "Estou sempre
a cometer erros. Detesto isto!"

Utiliza a linguagem de reacção.

Sente-se sem poder. Encara
o poder e o controlo como
sendo exteriores a si.

VENCEDOR

Padrões de raciocínio e falar
consigo próprio conduzem
a acção.

Declara: "Vou ter de ser
muito criativo para encontrar
uma forma de gostar deste
trabalho – ou, pelo menos,
de não o detestar."

Está concentrado no que
pode fazer nesta situação.

Afirma: "Está aqui muita
coisa que não compreendo.
Tenho muitas interrogações
sobre isto. Vai ser um desafio."

Reafirma: "Isto é mais difícil
do que eu pensava. Vejo que
ainda tenho muito a aprender."

Utiliza a linguagem de criação.

Sente o poder pessoal.
Encara o poder e o controlo
como sendo intrínsecos a si.

CHORAMINGÃO	VENCEDOR
Não encontra escolhas.	Encontra escolhas em tudo.
Vê apenas um lado das questões.	Vê os dois lados ou todos os lados.
Diz: "Eu podia, ia, devia…"	Diz: "Eu fiz!"

> "Dois prisioneiros olharam através das grades – um viu lama, o outro viu as estrelas."
>
> **LANGSTON HUGHES**, *poeta e romancista, famoso pelas suas explanações da vida dos negros norte-americanos*

Nunca mais vítima!

Quem é que quer ser uma vítima?

Quem é que quer sentir-se sem poder, como se os outros estivessem a controlar?

A maioria de nós *diz* que não quer ser uma vítima, mas muitas vezes continuamos a *agir* dessa forma. Afinal, ser vítima é fácil. Não tenho de *fazer* nada. Não tenho de mudar. Não tenho de fazer qualquer esforço adicional, correr riscos ou enfrentar fracassos. Não tenho de ser responsável pelas minhas acções e reacções e talvez por cometer um erro. *E* posso sentir-me senhor da razão e moralmente superior quando critico os outros. Que grande negócio!

Como é óbvio, muitos mantêm-se na pele de vítima porque têm algo a ganhar com isso. Há uma recompensa. Não são más pessoas – apenas desempenham o papel de vítima há tanto tempo que não sabem comportar-se de outra forma.

Porque somos humanos, ocasionalmente todos intervimos com o lamento "sou tão infeliz". Os tempos mudam e as organizações também. Habitualmente, conseguimos lidar com situações difíceis, mas algumas vezes não somos capazes. De vez em quando, sentimo-nos usados, incomodados, frustrados por forças e influências que não vemos e tal parece estar fora do nosso controlo. "Coitadinho de mim." "Por que é que isto me está a acontecer?" "Como podem 'eles' fazer-me isto?" Mergulhamos em autocomiseração. Ou queixamo-nos aos nossos amigos e damos uma grande festa de mágoa!

Mas existe uma diferença entre cair de vez em quando na mentalidade de vítima e passar lá toda a nossa carreira!

O ponto-chave é: a *escolha* é sua. Podemos *escolher* remoer nos problemas ou procurar activamente soluções positivas. Cada dia, cada momento, cada situação apresenta-nos essas mesmas escolhas.

Escolher a vitimização não o torna mau ou errado – é simplesmente uma forma de ser. A questão é: Traz-lhe os resultados que pretende? Funciona consigo? Irá ajudá-lo a alcançar o tipo de carreira e de vida com que sonha? É uma estratégia eficaz para obter o que realmente quer para si e para as pessoas de quem gosta? Se a resposta for "não", tudo o que tem de fazer é *escolher outro caminho*. Como diz o ditado: "Não há vítimas, apenas voluntários".

Só pelo facto de se *aperceber* quando muda para o modo de vítima, é-lhe dada a oportunidade de *escolher*. "Oh, ouçam só, estou a choramingar" ou "Estou a sentir-me como uma vítima, impotente e magoado". O autoconhecimento e a honestidade consigo mesmo dá-lhe a oportunidade de escolher outro caminho. "Ah, detesto esta sensação. O que é que posso fazer para a alterar? Como é que posso tirar partido desta situação?" Resumindo, concentre-se no que *pode* fazer e não no que *não pode*.

Tornar-se *vencedor* em vez de *vítima* é um processo progressivo – não é um acontecimento único. Todos os dias temos de voltar a escolher – uma e outra vez. Ser vencedor em vez de vítima é uma escolha possível para mim, para si, para todos nós. Ser "vítima" é um caminho possível. Ser "vencedor" é também um caminho possível. A escolha é sua. Escolha com sensatez. É o *seu* futuro que está em jogo.

> "Aquele que recusa sucumbir ao altamente contagioso *Vírus Victimis* e toma a iniciativa de melhorar a sua organização, a sua família, a sua comunidade ou a sua vida é um líder. Os líderes de sucesso enfrentam as mesmas circunstâncias confusas e em mudança que outros enfrentam. Mas um líder não se limita a seguir a multidão que desce a rua do desânimo e da mediocridade. Os líderes escolhem onde querem ir e depois abrem novos caminhos para lá chegar."
>
> **JIM CLEMMER,** *autor, orador e consultor de negócios*

Se eu tenho o problema, posso ter a solução.

"Este é um conhecimento que adquiri anteriormente e ao qual regresso muitas vezes: em muitas situações eu sou o problema. A minha mentalidade, as minhas imagens, as minhas expectativas representam o maior obstáculo ao meu sucesso.

A minha eficácia enquanto líder e gestor aumentou drasticamente quando aprendi a ver-me como o problema. Aprendi que, quando observo um desempenho que não é satisfatório, a primeira questão a colocar é: 'O que foi que fiz ou não fiz que provocou este acontecimento?'

Compreender que sou o problema permitiu-me aprender a forma de me tornar a solução."

—Jim Belasco e Ralph Stayer, *Flight of the Buffalo*

E se quiser mudar?

Como é que consigo passar de choramingão a vencedor, da vitimização à responsabilização pessoal?

Como é que me posso tornar um vencedor no trabalho?

Esta pode muito bem ser uma das perguntas mais importantes que alguma vez colocou – e ainda bem para si que a colocou! Colocar a questão é o primeiro passo no sentido de aumentar o seu sentido de *empowerment* pessoal e de avanço na carreira. Mas, como diz o ditado, "cuidado com o primeiro passo, é gigantesco!"

Querer mudar e fazer as coisas de maneira diferente não é opcional – é obrigatório. "Tem de querer." Se não existir um compromisso em melhorar, nada nem ninguém o poderá fazer. Por isso, se *quer* mudar já começou bem – tem a vontade, a motivação, a intenção.

Então, como é que se pode tornar um vencedor no trabalho? A resposta é simples, mas não é fácil: praticar, praticar, praticar. Tomar o controlo da sua vida no trabalho e do sucesso da sua carreira é acima de tudo uma questão de aprender novos comportamentos, desenvolver novas formas de pensar sobre si mesmo e sobre os outros, e adoptar novas atitudes no que se refere à resolução de problemas e concretização de objectivos.

Eis algumas sugestões para começar:

- **Observe outros que tenham o que quer, em termos de atitude, comportamento e sucesso, e siga o seu exemplo.** Se quer o que eles têm, faça o que eles fazem. Para ser um vencedor no trabalho, passe tempo com aqueles que já são vencedores e aprenda com eles. Estude, observe, ouça, analise e pratique os comportamentos positivos que vê.

- **Peça ao seu chefe, ou a outra pessoa que respeite, para ser seu *coach* pessoal ou seu mentor.** A maioria gosta que lhe peçam conselhos, especialmente se o pedido for expresso como um sinal de admiração. Então, tente dizer algo como: "Estou muito interessado em tornar-me mais eficaz nas minhas funções e respeito muito a sua opinião. Será que estaria disposto a dar-me algum *feedback* ou a orientar-me de vez em quando? Era muito importante para mim. E iria ajudar-me a desenvolver um trabalho melhor para a organização." Atenção: seja sincero. Os outros percebem se estiver a ser falso ou apenas a dar graxa!

- **Pratique o pensamento divergente para resolver os problemas.** Todos somos capazes de dois tipos de pensamentos: pensamento convergente e pensamento divergente. O pensamento convergente é aquele que utilizamos quando procuramos "*a* resposta única, aquela absolutamente correcta". Por exemplo, em matemática 1+1 é igual a 2. Não há outras possíveis respostas certas. A vida, contudo, não é como a matemática! É raro haver apenas uma resposta certa para os problemas que encontramos. É provável que haja muitas respostas possíveis – e várias delas podem ser excelentes. É aqui que queremos praticar o pensamento divergente: Em quantas soluções diferentes conseguimos pensar para o mesmo problema? Comece pela quantidade – sugira o maior número de possibilidades que consiga. Não se preocupe em avaliar as ideias de imediato, coloque-as apenas em cima da mesa para reflexão. Depois separe-as, discuta-as e avalie-as. Praticar pensamento divergente irá criar os seus "músculos de possibilidade". Com o tempo, irá ficar cada vez melhor nisto. Irá começar a ser mais criativo, vendo novas possibilidades em todo o tipo de situações!

- **Evite o mais possível os mexericos e colegas negativos** – o seu pessimismo e cepticismo são contagiosos. Pode ser facilmente sugado para o seu coro de "que terrível". É fácil encontrar coisas sobre as quais nos queixar e é ainda mais fácil criticar os outros – mas resista à tentação.

- **Claro que às vezes não pode evitar pessoas negativas, pessimistas e cépticas.** Talvez o seu chefe seja uma delas ou alguém da sua equipa de trabalho. Nestes casos, o melhor que tem a fazer é concentrar-se na tarefa que tem em mãos, manter o seu centro emocional e uma atitude positiva, e não se deixar infectar pela sua energia negativa. Por vezes, até pode aprender coisas importantes com pessoas negativas – mas aproveite apenas o que pode utilizar e deixe o resto.

- **Existe outra razão para evitar o mais possível colegas negativos: é julgado de acordo com quem anda.** Todos no seu departamento sabem quem é eficiente, bem sucedido e quem são os falhados. Não quer ser associado a negativistas, bisbilhoteiros e gente com mau desempenho.

- **Tenha cuidado com a linguagem, especialmente quando fala consigo mesmo.** A linguagem é muito poderosa – molda o seu pensamento e pinta os seus sentimentos. Somos muitas vezes informais, preguiçosos ou até desleixados com a nossa linguagem, subestimando o poder das palavras. Tal como escreveu Rudyard Kipling: "As palavras são a mais poderosa droga utilizada pela humanidade. Escolha-as com cuidado."

- **Ouça o que diz quando está a falar com outros.** Que tipo de palavras usa? Utiliza um "vocabulário de vítima" ou "palavras de vencedor"? Palavras como *problema, dificuldade, dor de cabeça, ressentimento, grande chatice, enfadonho, estúpido, doido, louco, inútil* e *frustrante* tendem a reforçar o pensamento negativo – o nosso e o dos outros. Se der por si a utilizá-las, pare simplesmente e corrija-se e utilize antes palavras como *desafio, oportunidade, um verdadeiro incentivo, objectivo ambicioso, a necessidade de soluções criativas, autonomia, flexibilidade* e *atitude positiva.*

- **A expressão "até agora..." é uma óptima ferramenta para mudar o seu pensamento e a sua atitude – e o seu comportamento também.** Se der por si a fazer afirmações negativas indiscriminadas, interrompa essa linha de pensamento e modifique-a com: "Até agora...". Por exemplo, quando dou por mim a dizer "não posso fazer isso, não percebo nada de computadores", paro imediatamente e corrijo: "Oh, quero dizer, até agora eu não percebia nada de computadores." Isto abre a possibilidade de mudança e cria um novo futuro que não está determinado pelo meu passado. "Até agora" lembra-me que posso fazer as coisas de maneira diferente hoje – e no futuro. "Até agora" dá-me a liberdade de mudar.

"Já reparou que a vida não é como devia ser? Ela é como é. Então, a forma como ultrapassamos as dificuldades que ela nos traz é o que faz a diferença."

VIRGINIA SATIR, *terapeuta, autora e educadora*

Concentre-se no que *pode* fazer, não no que não pode

Mas tenha cuidado e não se esteja a enganar sobre o que *não pode* fazer.

Há, sem dúvida, muitos problemas na sua organização que necessitam da sua atenção. A questão-chave a colocar é: Quais os assuntos em que se deve concentrar e quais os que deve ignorar ou abrir mão? Uma sugestão: concentre a sua atenção e energia naquilo em que pode fazer alguma coisa e não em assuntos sobre os quais não tem controlo ou influência.

A maneira mais simples de fazer isto é perguntar-se com frequência: "Há alguma coisa que possa fazer relativamente a este problema? De que forma posso contribuir para a sua solução?" Por vezes a resposta será um "sim" claro – e outras vezes será um "não" claro. Mas tenha atenção, pois muitas vezes esse "não" é apenas um hábito, uma forma de olhar para o mundo que diz: "Não tenho qualquer poder nesta questão – estas coisas estão fora do meu controlo. Não posso alterar as políticas da empresa. Não há nada que possa fazer." Talvez sim, talvez não.

Talvez possa fazer mais do que julga. Talvez *possa* realmente fazer algo relativamente a assuntos que parecem estar fora da sua esfera de influência. Por exemplo, pode realmente ser capaz de influenciar as políticas da sua organização! Se conseguir indicar uma política que é claramente contraproducente, algo que faz mais mal do que bem, pode estar no âmbito do seu poder fazer o trabalho de casa, recolher dados que demonstrem que a política é um problema e o que poderá estar a custar à organização em termos de tempo e dinheiro. Com esta informação, pode seguir a sua cadeia de chefias até àqueles que criaram a política. Se a sua informação for fundamentada e o seu caso persuasivo, pode realmente ser capaz de influenciar os criadores de políticas para que alterem a política!

Melhor ainda, se fizer isto com um grupo de colegas, o vosso caso será ainda mais forte e todos vós serão vistos como pessoas dispostas a tomar a iniciativa e a fazer a diferença. Se fizer isto mais de uma vez, passará a ser conhecido como um agente da mudança inteligente, enérgico e eficiente. Será reconhecido como um líder informal na sua organização e os outros irão respeitar as suas competências de influência recentemente desenvolvidas.

Sendo assim, pense cuidadosamente sobre o que pode influenciar e o que não pode – poderá ficar surpreendido por ter mais influência do que pensava!

> "Se pensa que consegue, está certo.
> E se pensa que não consegue, está certo."
>
> **MARY KAY ASH,** *fundadora da Mary Kay Cosmetics*

SOU RESPONSÁVEL?

SOU DE CONFIANÇA?

EU
NÓS

Transforme o seu *problema* num objectivo ao perguntar "O que é que quero?"

Tem um problema no trabalho? Isso provoca-lhe preocupação e *stress*? A culpa é de outra pessoa? Gostaria de trocar a sua preocupação, *stress* e sentimentos de "coitadinho de mim" por concentração e energia? Aqui tem uma ferramenta simples e eficaz adaptada do livro de Robert Fritz, *The Path of Least Resistance*. Se tem um problema, a chave para o resolver é interrogar--se: "O que é que quero?"

Aquilo que quer envolve algum tipo de efeito ou resultado. Se conseguir clarificar aquilo que quer, a seguir poderá torná-lo num objectivo. Enquanto o problema estava a esgotar a sua energia, ter um objectivo irá *dar*-lhe energia! Isto porque resolver um problema significa tentar fazer com que algo desapareça (o problema). Mas estabelecer um objectivo é um acto de criação, é positivo, significa criar algo novo. Enquanto resolver problemas gera uma energia de "afastamento", estabelecer objectivos gera uma energia de "aproximação", que é mais positiva e agradável.

Eis como fazê-lo.

Primeiro, escreva o seu problema. Não acumule todo um conjunto de problemas – lide com um de cada vez. Escreva-o, independentemente do que seja.

Em seguida, pergunte-se: "O que é que quero?"

Agora pegue naquilo que quer e escreva-o como um objectivo. Defina clara e especificamente o efeito que gostaria que tivesse, o resultado que gostaria de ver.

E já está! O problema que o estava e preocupar transformou-se num objectivo no qual pode trabalhar.

Aqui estão dois exemplos:

Problema: O meu chefe não me diz o que se está a passar.

Pergunta: O que é que quero?

Resposta: Quero sentir que pertenço ao grupo daqueles que sabem o que se está a passar.

Objectivo: Vou conseguir informação sobre o que se está a passar no nosso departamento.

Com este objectivo em mente, posso criar passos de acção que me irão conduzir à obtenção do efeito desejado. Talvez desenvolva fontes alternativas de informação para me manter informado. Talvez estabeleça uma reunião semanal entre mim e o meu chefe. Talvez faça mais perguntas aos meus colegas como forma de me manter informado.

Problema: Sinto-me preso e aborrecido no meu trabalho, sem hipóteses de progresso.

Pergunta: O que é que quero?

Resposta: Quero estar a aprender no meu trabalho e evoluir na carreira

Objectivo: Vou fazer com que a minha carreira progrida nos próximos dois anos.

Agora que fui claro em relação ao que quero, posso dar passos para o conseguir. Posso investigar e descobrir que existem aulas de formação onde trabalho e talvez apoio ao ensino, incluindo cursos universitários. Posso contratar um orientador de carreira, ou um orientador de vida, para me ajudar a explorar as opções. Posso actualizar o meu currículo e procurar oportunidades noutras empresas. Posso pensar de forma criativa em todas as maneiras possíveis de alcançar o meu objectivo.

Tente debruçar-se num ou dois dos problemas com que se depara no trabalho:

O meu problema: _____

Pergunta: O que é que quero?

A minha resposta: Quero _____

O meu objectivo: Vou_____

O meu problema: _____

Pergunta: O que é que quero?

A minha resposta: Quero _____

O meu objectivo: Vou_____

Também pode usar esta ferramenta nos seus problemas pessoais – por exemplo:

O meu problema: Tenho peso a mais.

Pergunta: O que é que quero?

A minha resposta: Quero estar em forma, ser elegante e saudável.

O meu objectivo: Vou juntar-me esta semana ao grupo de apoio a pessoas com excesso de peso e perder 15 quilos até ao final do ano.

Tente usar esta ferramenta numa questão pessoal que o incomoda:

O meu problema: _____

Pergunta: O que é que quero?

A minha resposta: Quero _____

O meu objectivo: Vou_____

Os problemas vivem no vago, nos sentimentos generalizados de frustração e ansiedade, numa confusão que o faz sentir imerso neles. Mas os objectivos vivem na transparência, na luz, no enfoque. Transformar os seus problemas em objectivos irá tirá-lo do nevoeiro, do pântano e irá conduzi-lo a soluções claras e focalizadas. As vítimas e os choramingões falam sobre o que *receiam* e o que *temem*, enquanto os vencedores falam sobre o que *querem*!

> "Sempre me interroguei por que é que alguém não fazia alguma coisa sobre isso. Depois percebi que eu era alguém."
>
> **LILY TOMLIN,** *comediante, actriz e autora*

> "O problema em distinguir aquilo por que somos e aquilo por que não somos responsáveis nesta vida é um dos maiores problemas da existência humana… Temos de ter a boa vontade e a capacidade de nos sujeitar a uma contínua auto-examinação."
>
> **M. SCOTT PECK,** *autor de* O Caminho Menos Percorrido

Quatro etapas para mudar o seu ponto de vista, a sua atitude e/ou o seu comportamento

Não desenvolve a sua personalidade e os seus hábitos de um dia para o outro – estes evoluem ao longo de muitos anos. Por isso mesmo, também não espere modificar os seus hábitos de um dia para o outro. É preciso tempo, repetição e reforço. Seja paciente consigo e reconheça o seu esforço quando vir o progresso que está a fazer.

É melhor *não* abordar todos os seus defeitos de personalidade ao mesmo tempo. Pegue num hábito de cada vez e passe várias semanas ou meses a trabalhar nele. Talvez seja o seu pensamento negativo, talvez seja o seu temperamento, talvez seja a sua desarrumação, ou talvez o seu atraso crónico.

Pode ser que queira começar por pequenos hábitos que gostaria de alterar – preparar-se para o sucesso – e depois avançar e tentar lidar com questões maiores que gostaria de modificar.

Ou talvez queira tentar a abordagem inversa – pegue no seu hábito mais problemático, aquele que faria maior diferença na sua vida se o alterasse, e trabalhe nele.

Depende se é um "nadador" ou um "mergulhador" – gosta de nadar lentamente até chegar às coisas, ir mais fundo com calma, ou prefere mergulhar logo directo ao fundo das questões? Qualquer das formas é correcta. Você é que decide. Aqui não há certo ou errado, há apenas uma escolha. O importante é que *comece* – já.

Ao modificar a sua atitude ou outra coisa qualquer, é útil que compreenda como é que normalmente funciona o processo de mudança. Irá percorrer quatro etapas ou fases previsíveis.

O primeiro nível é a "Incompetência Inconsciente": quando está a fazer algo que não é do seu melhor interesse, mas não tem consciência de que o está a fazer. Talvez esteja a agir como uma vítima e não esteja sequer consciente disso. É impossível para si modificar-se nesta altura, pois não sabe sequer que precisa de mudar!

O segundo nível é "Incompetência Consciente": acorda para o facto de se comportar de uma forma que não é a desejável. Por vezes este é um despertar brusco, quando a lâmpada se acende diz: "Oh meu Deus, mas o que é que eu estou a fazer?!" E não fica muito contente com o que vê: está a choramingar, a queixar-se, a resmungar, a culpar e a procurar erros. Por vezes este passo é dado quando alguém lhe aponta o seu problema de comportamento, para grande desgosto seu. Pode ser embaraçoso ter alguém a chamar a sua atenção para o seu defeito de personalidade ou de comportamento – mas, de qualquer forma, tem de lhe agradecer. Ele ou ela deu-lhe o sinal de despertar que irá permitir que se veja a agir contra o seu melhor interesse.

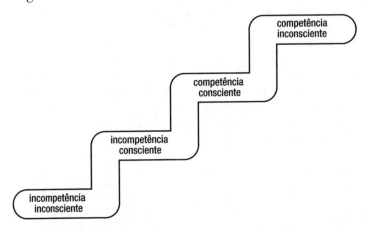

O terceiro nível é "Competência Consciente": quando adopta um novo comportamento em lugar do antigo, mas parece desadequado e estranho porque é novo, e tem a perfeita consciência de que se sente estranho em relação ao comportamento que assumiu recentemente. Pratica um diálogo positivo; olha para cada situação e pergunta: "Como é que posso tirar o melhor partido disto?" Comporta-se como um vencedor e não como um choramingão. Ao trabalhar para modificar a sua atitude, colocou um novo "par de óculos" e ainda está muito consciente da forma diferente como o mundo se apresenta visto através dessas novas lentes.

E o nível final para a mudança pessoal é "Competência Inconsciente": o novo comportamento tornou-se habitual e já não tem de pensar nisso. Tornou-se tão rotineiro e parte da sua forma normal de reagir e de se comportar que se tornou simplesmente parte da sua maneira inconsciente de ser. A sua nova abordagem tem agora bases sólidas e pode gozar a sensação de dominar uma nova forma de estar no trabalho.

Aqueles que estão interessados em crescimento e desenvolvimento pessoal compreendem que este é um processo progressivo. Assim que tiver adoptado com sucesso um novo comportamento ou atitude, surge inesperadamente outra coisa que necessita da sua atenção. Descobre mais um hábito que quer alterar. É normal. Você é um ser humano que se encontra num caminho de autodescoberta e melhoramento. É um trabalho em desenvolvimento.

> "Nunca é demasiado
> tarde para ser o que poderia ter sido."
>
> **GEORGE ELIOT,** *autora (Mary Ann Evans) e filósofa inglesa*
> *que escrevia sob um pseudónimo masculino*

Por vezes as pequenas coisas podem fazer uma grande diferença...

... e ser uma boa prática para deixar as coisas maiores para mais tarde.

Está à procura de formas de exercer maior controlo no trabalho – para se sentir mais feliz, mais satisfeito, mais realizado? Se sim, vai querer começar por coisas pequenas e ir avançando para maiores.

Mark Bryan, autor de *The Artist's Way at Work*, sugere que não se "assuma o mundo inteiro" de um dia para o outro – não tente implementar mudanças drásticas. Pelo contrário, concentre-se em muitas pequenas. Por outras palavras, não procure algo grande que pode fazer cem por cento melhor – em vez disso, procure cem coisas que pode fazer um por cento melhor.

Por exemplo, olhe para o seu local de trabalho. Interrogue-se: "Que três coisas simples posso fazer no meu local de trabalho esta semana que me deixariam mais feliz e mais produtivo?"

1. _____

2. _____

3. _____

Agora passe à implementação e concretize essas três mudanças.

A seguir, concentre-se nas suas rotinas de trabalho. Interrogue-se: "Que três coisas simples poderia fazer de maneira diferente esta semana na minha rotina diária e que me deixariam mais feliz e onde seria mais produtivo?"

1. _____

2. _____

3. _____

Agora passe à implementação e concretize essas três mudanças.

A seguir, pense no seu chefe. Interrogue-se: "Que três coisas simples poderia fazer de maneira diferente esta semana em interacção com o meu chefe e que me deixariam mais feliz e melhorariam o nosso relacionamento?"

1. _____

2. _____

3. _____

Agora, passe a interagir de forma diferente.

Pode fazer este mesmo exercício com outras áreas do seu trabalho: interacções com colegas de trabalho e de equipa, serviço aos clientes, relacionamento com fornecedores e vendedores, etc. ...

O QUE ESTOU DISPOSTO

A FAZER HOJE DE FORMA DIFERENTE

PARA FAZER A DIFERENÇA?

As palavras mais importantes
da responsabilização pessoal

As dez palavras mais importantes:
Não vou esperar pelos outros para dar o primeiro passo.

As nove palavras mais importantes:
Se tem mesmo de ser, tenho de o fazer.

As oito palavras mais importantes:
Se não eu, quem? Se não agora, quando?

As sete palavras mais importantes:
Tem de me deixar tentar arranjar isso.

As seis palavras mais importantes:
Não vou passar a "batata quente".

As cinco palavras mais importantes:
Sabe que pode contar comigo.

As quatro palavras mais importantes:
É a minha função.

As três palavras mais importantes:
Faça isso já!

As duas palavras mais importantes:
Eu vou.

A palavra mais importante:
Eu

"Faça mais do que pertencer – participe.

Faça mais do que se preocupar – ajude.

Faça mais do que acreditar – pratique.

Faça mais do que ser justo – seja amável.

Faça mais do que perdoar – esqueça.

Faça mais do que sonhar – trabalhe."

WILLIAM ARTHUR WARD, *autor, editor e reitor*

Sobre os Autores

"Uma mulher em paz deixou de procurar alguém a quem atribuir as culpas."

BARBARA JENKINS, *escritora contemporânea norte-americana*

"Nós não vemos as coisas como elas são, nós vemos as coisas como *nós* somos."

ANAÏS NIN, *autora norte-americana nascida em França*

"A vida é o que nós fazemos dela – sempre foi e sempre será assim."

GRANDMA MOSES, *artista popular norte-americana que viveu até aos 101 anos*

BJ Gallagher

BJ Gallagher é uma talentosa condutora de *workshops* e uma oradora muito conhecida especialista em temas relacionados com o mundo dos negócios – mudança organizacional, inovação e criatividade, diversidade da mão-de-obra, motivação, capacidades para o sucesso – e em programas dirigidos a mulheres. Trabalhou com muitos clientes empresariais, assim como com associações profissionais, grupos sem fins lucrativos e agências governamentais. Entre os seus clientes incluem-se a DaimlerChrysler, a IBM, a Chevron, a Tosco, a Nissan, a Volkswagen, a Baxter Health Care, a Phoenix Newspapers Inc., a cidade de Pasadena, o Serviço norte-americano de Imigração e Naturalização, o American Press Institute, o John Deere Credit Canada, entre outros.

BJ é muito requisitada como oradora principal, fazendo frequentemente apresentações em conferências e encontros profissionais nos Estados Unidos, no Canadá, na América Latina e na Europa.

BJ é autora de vários livros da área dos negócios, incluindo o *bestseller* internacional *A Peacock in the Land of Penguins* (Berrett--Koehler, 2001), que está actualmente publicado em mais de 17 línguas e vendeu mais de 300 mil exemplares, e *What Would Buddha Do at Work?* (Ulysses Press e Berrett-Koehler, 2001). Também escreve livros dirigidos a mulheres, incluindo *Witty Words from Wise Women* (Andrews McMeel, 2001) e *Everything I Need to Know I Learned from Other Women* (Conari Press, 2002).

Foram publicados artigos sobre o seu trabalho no *Chicago Tribune*, no *Los Angeles Times* e na *O, the Oprah Magazine*.

Antes de ter começado o seu próprio negócio em 1991, foi gestora de formação e desenvolvimento no *Los Angeles Times*, onde teve responsabilidades-chave nas áreas de grande potencial de desenvolvimento da liderança, de formação em gestão e supervisão, de diversidade da mão-de-obra, de construção de equipas, de desenvolvimento de carreiras, de formação em vendas e de relacionamento com os clientes. Antes disso, foi directora da formação de pessoal e desenvolvimento profissional na Universidade da Califórnia do Sul (USC), onde dirigiu numerosos programas para os docentes e para os funcionários.

BJ é graduada Phi Beta Kappa pela USC, tendo obtido o seu bacharelato *summa cum laude* na área da Sociologia. Terminou a sua tese de doutoramento sobre Ética Social, também na USC. É elemento activo da National Association of Women Business Owners, da National Speakers Association, da American Society of Training and Development e do PEN Center USA West.

Poderá contactá-la através do *e-mail:* bbjjgallagher@aol.com.

Steve Ventura

Steve Ventura é um autor reconhecido e respeitado, artista gráfico, editor, educador e criador de um programa de formação premiado.

Enquanto consultor e formador, tem tido a oportunidade de trabalhar com muitas organizações notáveis, nas quais se incluem a AT&T, a General Electric, a Shell Oil, a AlliedSignal Aerospace, a General Dynamics, a PacBell, a AMD, a Northwest Airlines, a Texaco, a ExxonMobil e a Texas Utilities. As suas áreas de especialização são Gestão, Liderança, Comunicação, Serviço ao cliente e Melhoria do desempenho.

Antes de ter iniciado um negócio próprio em 2002, foi *Vice President* da área de desenvolvimento do produto na Walk the Talk® Company em Dallas, no Texas.

Tem um bacharelato em Artes e Comunicação de Massas, pela Universidade Estatal da Califórnia, e um mestrado em Administração Pública, pela Universidade de São Francisco. Publicou artigos em jornais especializados como o *Training*, o *Training & Development* e na revista *Food & Service*. É co-autor dos famosos *Walk Awhile in MY Shoes* (com mais de 750 mil exemplares vendidos) e *Forget for Success*, e escreveu, editou e produziu mais de 15 outras publicações bem sucedidas ligadas à área dos negócios.

Pode contactar o Steve através do *e-mail:* ventura@airmail.net

"Nós temos uma Carta
de Direitos. O que precisamos
é de uma Carta de Responsabilidades."

BILL MAHER, *comediante, crítico da sociedade*
e uma personalidade dos media

"Ser responsável significa
algumas vezes irritar as pessoas."

GENERAL COLIN POWEL, *antigo Secretário*
de Estado dos EUA

Agradecimentos

Muitos foram aqueles que nos apoiaram para trazermos o nosso livro ao mundo, que nos ajudaram a passar todas as etapas – da ideia à proposta, ao manuscrito, às revisões, ao exemplar que neste momento tem nas mãos. Este produto acabado foi visto por muitos olhos, influenciado por muitos, formado por muitas vozes e acarinhado por muitos corações. Estamos profundamente gratos.

Cindy Zigmund e Jon Malysiak deram-nos as boas-vindas na nossa nova parceria de publicação com a Dearborn Trade Publishing e gostámos muito de conhecer toda a equipa criativa que lá trabalha. Obrigado a cada um e a todos vós. Foi uma óptima colaboração. Joel Marks foi o "casamenteiro" que nos juntou à Dearborn – ele é mesmo um excelente *yenta*[*]!

Os nossos amigos e colegas de profissão foram inestimáveis no seu *feedback* a nível editorial e nas críticas às primeiras versões do livro. Entre eles estão Ken Blanchard, Dana Kyle, Martha Lawrence, Simon Li, Joan Hill, Ann Marsh, Leslie Yerkes, Charles Decker, Warren Schmidt, Joel Marks, Bill Sheridan, Anita Goldstein, Paul Schneider, Joel Suzuki, Joel Leskowitz, John Denney e Marilyn Jensen. Muito, muito obrigado a todos! O vosso amor e o vosso apoio tornaram a nossa jornada de escrita uma experiência maravilhosa.

Obrigado às nossas famílias e aos nossos amigos que compreenderam quando dissemos: "Agora não, estou em cima do prazo!" A sua compreensão e paciência permitiram que nos concentrássemos na tarefa que tínhamos em mãos – sabendo que estariam

---

[*] **N.T.** Alguém alcoviteiro ou intrometido.

à nossa espera quando nos levantássemos para apanhar um pouco de ar. O amor que sentimos por eles não pode ser descrito por palavras.

E, por fim, curvamo-nos humilde e silenciosamente, numa oração simples de agradecimento à Fonte Divina de toda a criatividade... e responsabilidade.

"Penso que o sentido da vida é ser útil, ser responsável, ser honrado, ser compassivo. É, afinal de contas, ter uma palavra a dizer: contar, defender algo em que se acredita, ter feito diferença você ter vivido."

LEO C. ROSTEN, *escritor, estudioso e humorista norte-americano*